Karina Mendoza

La larga travesía de una niña mexicana

La Pereza Ediciones

Título de la obra:

La larga travesía de una niña mexicana

© Karina Mendoza

De esta edición: 2020, La Pereza Ediciones, USA
www.lapereza.net

ISBN- 9781623751593

Diseño de los forros de la colección:
Estudio Sagahón / Leonel Sagahón y Carmina Salas
Diseño de portada: Leonel Sagahón
www.sagahon.com

LA LARGA TRAVESÍA DE UNA NIÑA MEXICANA

KARINA MENDOZA

LA PEREZA EDICIONES

Agradecimientos

A Dios por darme la vida y la bendición
Al Dr. Roger Corrales por creer en mí
Y a mis amados hijos

Siempre imaginé que un día podría escribir un libro. Admiraba a muchos escritores mexicanos, y por eso me parecía un sueño muy difícil de alcanzar. He pasado mucho tiempo de mi vida luchando por salir adelante, por sobrevivir. Soy madre de tres hijos, quienes son la llama que ilumina mi camino. A ellos quiero dedicar este libro. A ellos y a todos los niños del mundo que se encuentren viviendo en situaciones extremas. Esos niños que son el porvenir y la esperanza de que vendrán, sin duda, tiempos mejores. Dedico también este libro a mis editores, Greity Gonzalez y Dago Sasiga, quienes confiaron, como nadie, en esta, mi sencilla historia.

Luvina es un lugar muy triste.
Usted que va para allá se dará cuenta.
Yo diría que es el lugar donde anida la tristeza.
Juan Rulfo-*Luvina*

Cuando alguien ha sufrido una pérdida, o ha sufrido un gran dolor personal, cuesta mucho trabajo, y yo diría es casi imposible, escribir sobre estos sucesos. Yo he sufrido mucho, casi toda mi vida. Así, pues, he tenido que esperar mucho tiempo, hasta ahora que mis sentimientos están sanando, para contar en estas páginas mi dolor. Mi dolor, que ha sido también, mi vida.

Pensé comenzar mi historia, mencionando mi nombre y el año de mi nacimiento. Sin embargo, comenzaré mi historia, por el momento, solo presentándome de la siguiente manera.

Soy una mujer mexicana.

Soy una mujer mexicana que nació en la más absoluta pobreza.

Soy una mujer mexicana que emigró a Estados Unidos.

Esto que soy, dice, desde ya, muchas cosas de mí.

Lo que no dice, quizás, es que una mujer mexicana como yo, que nació y creció en la pobreza económica típica de un pueblo perdido de México, que emigró a Estados Unidos salvando tantos obstáculos, tiene sueños. Que siempre los tuvo. No he cumplido muchísimos de los que tenía, pero sigo luchando para que mis hijos sí los alcancen. Y sigo luchando por mí.

¿Cuándo empezó realmente mi vida? Me hago esta pregunta porque a veces he pensado que una vida no comienza cuando uno nace. Una vida, tantas veces lo pienso, comienza con el primer recuerdo que tenemos de nuestra infancia. Mi primer recuerdo proviene de una calurosa y polvorienta tarde, en el rancho donde yo vivía con mi familia. Ese recuerdo, es un machete cortando en pedazos un hombre. Quien blandía ese machete era Sergio Mendoza, mi padre.

Hoy me encuentro casi convencida que mi madre fue la culpable de muchas cosas. Quiero decir, una decisión, por mínima y de poca importancia que parezca, puede ser el desencadenante de todo. Y yo creo, y nadie ha podido quitarme eso de la cabeza nunca, que la decisión de mi madre de no haberse ido a vivir con mi padre luego que quedara ella embarazada de mí, fue parte de la causa de todas sus desgracias y por supuesto, de las mías y de las de toda mi familia.

¿Qué hubiera pasado si mi madre, en vez de quedarse viviendo con mi abuela materna, hubiese preferido irse a vivir con mi padre? Yo siempre he escuchado que una mujer debe seguir a su esposo, o al padre de su hijo, donde quiera que este vaya. Ya sé que mi padre tenía solo dieciocho años y mi madre treinta. Ya sé que mi madre se hallaba decepcionada de dos fracasos amorosos anteriores que le habían dejado solo hijos, quién sabe si no deseados. Ya sé que cualquiera se equivoca. O no. Porque de todas maneras, ¿hubiera la decisión de mi madre evitado, al final, que mi padre matara a machetazos a mi tío? El destino es, tenga o no tenga la importancia que uno quiera darle, muy cruel, y no pocas veces. Esa tarde, en la fiesta del pueblo, yo comprobé que así era.

El 8 de diciembre de 1984 fue, quizás, entonces, el día que nací, si tenemos en cuenta que uno nace donde está su primer recuerdo. A pesar de yo tener por esa fecha solo un año, y de recordar solo detalles, pues lo demás me lo contaron al pasar el tiempo. Mi padre se había cansado de esperar por mi madre, y había conocido a otra mujer, quien por esas situaciones que ocurren sobre todo en tantos pueblos pequeños, era precisamente la esposa de su primo. Y como esas situaciones también ocurren a menudo, aunque mi padre y aquella mujer mantenían una relación secreta, esta terminó embarazada del primo de mi padre, quien era considerado en la familia, claro, como mi tío.

Era una fiesta de pueblo. Por supuesto que todos los hombres estaban borrachos. Por eso, fue inevitable que a mi padre se le soltara la lengua y le dijera a mi tío que el hijo que llevaba su mujer en su vientre era de él, de mi padre. Discutieron fuertemente. Pero mi padre, supongo que con tantos tragos encima, no se iba a contentar con una simple discusión. Fue al puesto más cercano donde vendían herramientas, compró un machete, y con esta arma, sin filo por demás, atacó a mi tío por la espalda. No una sola vez. Muchas. Hasta que lo descuartizó.

Huyó entonces mi padre del pueblo con la mujer, porque los familiares de mi tío, lógicamente, querían matarlo. Así pasó el tiempo y cuando yo tenía cuatro años mi papá se acercó al pueblo más cercano al nuestro, donde se encontró con mi madre y le entregó treinta pesos para mí. Hablaron cinco minutos en plena madrugada y luego él se fue. Nunca más lo volví a ver. Así que de toda aquella desgracia, ironía del destino, me quedaron dos pantalones que mi madre me compró con esos treinta pesos. Y yo estaba muy feliz porque no tenía ropa.

¿Qué puedo contar de mi niñez? Incluso quienes leen poco o casi nada el periódico, saben lo que es la niñez de un niño pobre mexicano. Enseguida vienen a la mente imágenes de niños vendiendo dulces por las calles, o limpiando cristales de autos en los semáforos, o simplemente, pidiendo limosnas a cualquiera que pase por la calle. Mi niñez transcurrió en un sitio tan, pero tan pobre, que yo, aunque no he leído nunca completo *Don Quijote*, sí conozco sus primeras líneas, y no tengo vergüenza de decir que crecí en un lugar "de cuyo nombre no quiero acordarme". No limpié de niña cristales de autos ni vendí dulces, pero eso fue simplemente porque yo no vivía en la ciudad de México; pero si no, estoy segura que me hubiera tocado hacerlo.

Mientras tanto, hice otras cosas parecidas, las cosas que hace un niño mexicano del campo. Preparé día y noche tortillas, tortillas que parecían infinitas; cociné frijoles, frijoles que parecían infinitos; di de comer a cuantos animales de patio (que no es que fueran muchos, por cierto) había en mi casa; cuidé a mis hermanos menores, que esto último sí que hacen todos los niños pobres, ya sean del campo o de la ciudad; cargué sacos de lo que fuera a mis espaldas; aguanté los malos tratos y los malos humores de mi familia en pleno. Y así, un etcétera tan largo, que no creo de verdad valga la pena seguir enumerando desgracias.

Esa fue mi niñez.

Y anécdotas no me faltan pocas.

Y no me extenderé en estas anécdotas, aunque sí lo haré en eso que por ahí llaman la "esencia" de las mismas, porque esa esencia, es mi vida.

Vivimos en una tierra
en que todo se da,
gracias a la providencia,
pero todo se da con acidez.
Estamos condenados a eso.
Juan Rulfo-*Pedro Páramo*

Y finalmente, o tal vez para empezar. Mi nombre es Karina Mendoza. Nací el 6 de agosto de 1983, en el Estado de Oaxaca, en el pueblo de San Juan, en Juquila. Hablamos allí un dialecto que se conoce como chatino. La casa donde viví parte de mi triste niñez, era una casa con paredes de barro y techo de tejas. Los utensilios que usábamos también eran de barro. Mi abuela Emilia fabricaba ollas, platos, comales, y cucharas de madera. Cocinábamos con leña. Nos vestíamos de güipil y náhuatl y llevábamos como zapatos, huaraches. La cama donde dormíamos era de tabla y carrizo tejido con mecate. Encima de la cama iba el petate.

Es que somos muy pobres, esta expresión, me enteré muchos años después, es el título de un cuento de Juan Rulfo, escritor mexicano que

19

decidí leer hace unos pocos años, y que encuentro ha retratado tan maravillosamente, la pobreza de México; pues sí, éramos tan pobres que nos dormíamos, mis hermanos y yo, abrazados, porque así nos manteníamos calientes todos.

Mi familia, como casi todas las familias pobres, era muy extensa. Son incontables mis hermanos, mis primos, mis tíos. Ya aclaré que las tortillas de maíz y los frijoles que cocinábamos parecían infinitos, y esto no era por gusto, claro. Pero es que tan siquiera comíamos nunca ni carne, ni pollo, ni pescado.

Muchas veces he llegado a pensar que aquella era la situación, simplemente porque éramos muchos. Porque mi madre, mi abuela, mis tías, habían decidido tener muchos hijos.

También me preguntaba en mi niñez el porqué de tantos nacimientos. Siempre me han inculcado en mi escasa educación que los hijos son un regalo de Dios, y yo sé que lo son. Pero entonces era muy niña, y no entendía muchas cosas. Solo pensaba en la razón por la cual solo los niños que eran hijos únicos, y que veíamos sobre todo en la Ciudad de México, de la mano de sus padres, podían comer dulces o helados.

Yo pensaba que la razón era porque estas parejas tenían un solo hijo, y que eso era la solución a todo. Igual, y como contaré más adelante, no apliqué la "ley del hijo único" cuando me hice adulta.

Luego del asesinato de mi tío en el pueblo, que apartó para siempre a mi padre de nuestras vidas, mi mamá, aun viviendo con mi abuela Emilia y mi tía Anastasia, se quedó una vez más sola, si es que alguna vez, claro, estuvo realmente acompañada. Se levantaba todos los días más temprano que el alba, y se iba a sembrar maíz, frijoles, calabaza, lo que fuera. Iba con mi tía Anastasia, quien también era madre soltera y tenía cuatro hijos. A veces mi mamá me llevaba a la siembra, que estaba muy lejos de casa, y yo me quedaba con ella todo el día y la noche. Dormíamos en una cueva en pleno cerro. Estas noches son inolvidables para mí, pero no porque fueran maravillosas. Al contrario. Solo nos arropábamos con hojas de las plantas del monte. Fueron días muy difíciles, sí. No faltó nunca ni el calor, ni la lluvia, ni el frío. Teníamos mucho miedo. Eran demasiados los animales peligrosos que nos acechaban. Los coyotes sobre todo nos daban pavor.

Pero lo verdaderamente terrible para mí fue cuando mi mamá no me pudo llevar más a la siembra. Supongo que porque le era más cómodo andar sin un niño que en nada le podía aportar a rastras, o sabrá el cielo por qué. Pero decidió que lo mejor era dejarme al cuidado de mi tío Pánfilo y su esposa Juana, quienes, claro, tambíen tenían hijos.

Así, por esas cosas raras que tienen creo yo todos los niños, me pasaba el santo día entero llorando, esperando a que mi mamá regresara, con el temor de que me abandonara o de que le pasara algo. No comía nada, pese a las insistencias de mi tía Juana. Me sentaba en un árbol, esperando ver surgir a mi mamá de un momento a otro en el camino. Cuando al fin la avistaba, era tanta mi dicha que entonces ya me animaba a comer con ella, y aquellos platos de tortilla y frijoles me parecían el manjar más sabroso del mundo.

Cuando me repuse de aquel "trauma" de esperar a mi mamá todas las tardes, porque me di cuenta que al final ella siempre regresaría, me relajé un poco y decidí jugar con mis primas Margarita, María y Brígida, las hijas de mi tío Pánfilo.

Poco duró la felicidad. Comenzaron un día, de repente, sin razón alguna, a pegarme, y una tarde me dieron a probar un hongo que resultó ser venenoso. Casi morí. Mi madre se asustó tanto, viéndome vomitar sangre y dando alaridos de tan fuerte que era el dolor de estómago, que entonces me mandó a vivir a casa de otro tío. Mi tío Eliborio Cruz. Por supuesto, yo volví a tener miedo. Volví, esta vez, a sentarme en un poste de alambre a esperar el regreso de mi madre del trabajo. Así que ella, me imagino que harta de mis "locuras infantiles", me volvió a llevar a casa de mi abuela Emilia.

Mi abuela, quien antes consentía totalmente a los hijos de mi tía Anastasia, quizás al darse cuenta por todo lo que estábamos pasando, comenzó a tratarnos a mis hermanos y a mí un poco mejor, porque la verdad es que anteriormente a nuestro peregrinaje en casa de tíos, era a mis primos a quienes les guardaba los dulces, las frutas, hasta dinero y ropas. Empezó, como hacía con las ollas, a hacernos juguetes de barro. Muñecas, tacitas, todo de juguete. Nosotros, por nuestra parte, la ayudábamos a limpiar la tierra para que quedara finita. Porque a fin de cuentas, con algo teníamos que contribuir para demostrar nuestro agradecimiento.

¿Qué se hace a la hora de morir?
¿Se vuelve la cara a la pared?(...)
¿Se echa uno a correr,
como el que tiene las ropas incendiadas,
para alcanzar el fin?
Rosario Castellanos

Nunca falta en los pueblos, problemas de familias que traen heridos y hasta muertos. Eso, claro, no faltó en la mía, como ya se ha podido comprobar. Luego de estar en casa de mi abuela tranquilos, cuando pensábamos que todo mejoraría un poco y estaríamos en paz, un día, de repente, escuchamos una balacera terrible. Al principio no le dimos importancia. Era normal, después de todo. Pero de pronto llegó Martín, un conocido de la familia, y nos contó lo ocurrido. Y todo, todo, era por un pedacito de tierra. Un pedacito de tierra que le ambicionaba un tal señor Carlos. Y que por ese pedacito, hirió de bala a primos míos que eran solo unos niños. Todo era un desastre. No creo de veras que valga la pena entrar en detalles de aquel suceso porque no le encuentro sentido.

Todos en mi familia, incluida yo, fuimos como locos ingenuos a ver qué pasaba. Y ese fue nuestro error. Y fue nuestro error porque a fin de cuentas no pudimos resolver nada. Ya el daño estaba hecho. Solo nos costó una noche de penas y llantos en medio del monte, huyendo de la balacera, sin poder salvar a nadie, escapando a la atención de animales carnívoros a quienes uno de mis tíos tuvo que disparar varias veces para alejarlos.

Aunque yo no haya querido entrar en detalles de este hecho, vale contar que el mismo cambió un poco nuestras vidas. Como temíamos que este señor Carlos la tomase con nosotros, nos fuimos a vivir a un rancho llamado Pueblo Nuevo. Mi tía Ernestina nos brindó su casa. El techo era de palma y las paredes eran varas de monte, la cocina de barro, y las famosas camas, de varas y mecate.

Una vez más me encontraba rodeada de tíos y primos, diferentes todos pero los mismos al fin y al cabo. Aunque en Pueblo Nuevo las cosas parecían funcionar un poco mejor, y parecía que existía un poquito más de prosperidad, de todas maneras era lo mismo. La misma comida. El mismo ritmo de trabajo. Y sobre todo, la misma mentalidad.

Aunque en esto de la mentalidad debo hacer justicia a mis tíos de Pueblo Nuevo. Ellos sí querían que sus hijos fueran a la escuela, así que los niños se iban al pueblo a estudiar, aunque para ello debían caminar ocho horas. Como es lógico, debían pasar toda la semana en el pueblo para poder asistir a la escuela cada día, y solo regresaban el viernes por la tarde a la casa.

Uno de mis hermanos y yo fuimos varias veces, pero no pudimos mantener el ritmo. Mi pobre madre no tenía dinero suficiente ni para comprarnos los más elementales útiles escolares, ya ni hablar de ropa o zapatos. De todas formas, nunca he dejado de pensar que con solo un poco de esfuerzo extra de su parte, yo hubiera podido mantenerme siempre en la escuela, pero lo cierto es que mi madre no le daba importancia alguna al hecho de estudiar. Y estudiar era lo que yo más deseaba en la vida. Soñaba despierta con poder ser algún día una profesional. Una maestra, o una doctora. La verdad, cualquier cosa que me sacara de aquel

mundo de pobreza, de ignorancia y de tristezas.

Mi hermana Elizabeth, quien siempre fue mucho más rebelde y arrojada que yo, se hartó sin dudas de todo nuestro rosario de calamidades y se fue a la ciudad de Oaxaca, acompañada de mi prima María. Ambas tenían ocho años. Vendían allá rebozos en el mercado de abastos y la dueña del puesto les pagaba con comida y estudios. Mi hermana nos visitaba una vez al año y se quedaba quince días con nosotros. Nos traía siempre pequeños regalos que nos daban un poco de felicidad. Elizabeth, gracias a los no pocos años que trabajó con esa señora, pudo terminar la escuela primaria, que era poca cosa, pero era algo, y era, después de todo, mucho más de lo que sus otros hermanos tenían.

En todas sus visitas mi hermana trataba de convencer a mi madre de llevarme con ella a Oaxaca, pero yo tenía todavía seis años y a mi madre aquello le resultaba una locura, una locura que al fin ganó, porque Elizabeth no paraba de hablar de lo maravillosamente bien que iba su vida en Oaxaca. El caso es que mi madre accedió y antes de partir me dijo: "Cuando veas una luz roja o verde en un semáforo es que ya estarás llegando a la ciudad".

Mi corazón, con estas palabras, latió muy fuerte. Por primera vez en mi vida me di cuenta, o al menos, lo sentí como nunca, que yo no sabía hablar español.

Al llegar a Oaxaca eran las ocho de la mañana y fuimos a desayunar con unos amigos de mi hermana. Ahí sufrí por primera vez mi desconocimiento del español porque no entendía nada de lo que platicaban, pero me daba igual. Mi hermana no me presentó a sus amigos y yo terminé parada en una esquina con una bolsita de plástico, hasta que ella llegó a la una de la tarde a recogerme, para llevarme al mercado Benito Juárez.

Llegamos al puesto de la señora Silvia, que vendía jugos, y mi hermana me ordenó sentarme. No sabía yo que ese sería el primer abandono oficial de mi vida y el comienzo de muchas de mis tristezas. Luego de cuchichear misteriosamente con la señora Silvia, Elizabeth me dijo: "Espérame que al rato vuelvo". Cuando se hizo de noche, ya a las nueve, supe que no volvería.

La señora Silvia, entonces, me dijo: "Tú vas a trabajar conmigo". Así que nos fuimos en un coche y una hora después llegamos a casa de la señora Claudia, su vecina. En esa casa puedo decir que perdí mi niñez. No sé cómo explicarlo, pero los duros momentos que allí pasé marcaron el fin de mi inocencia, de la inocencia y la felicidad que no debería faltarle a ningún niño en este mundo.

Los seres humanos no nacen para siempre
el día en que sus madres los alumbran,
sino que la vida los obliga a parirse a sí mismos
una y otra vez.
Gabriel García Márquez

La primera noche en la casa de la señora Claudia lloré mucho, tanto que conseguí dormirme cerca de la una de la madrugada. Aunque la verdad era que tenía pocas razones para sentir nostalgia, no podía evitar extrañar a mi madre, a mi abuela y a toda mi familia. Al otro día, a las seis en punto de la mañana, me despertó la señora Claudia y me enseñó todo lo que debía hacer en la casa, a cambio solo de techo y comida. Mis obligaciones consistían en lavar el taxi, barrer el frente de la casa, buscar las tortillas (solo entonces podía desayunar) lavar los trastes luego del almuerzo, y lavar la ropa. Como cuando fregaba los platos, en el lavadero también tenían que subirme encima de una silla porque no alcanzaba. Recuerdo particularmente que siempre, por esas horas, encendían una radio, yo escuchaba las canciones de los grupos que estaban de moda en aquella época, y yo fantaseaba con poder conocer algún día a cualquiera de aquellos cantantes, y hasta al locutor de la radio. Hoy me sorprendo de haber tenido aquellas ilusiones típicas de la niñez, sobre todo porque la vida que yo llevaba estaba muy lejos de aquellos mundos de fantasía.

Como si todo esto fuera poco, debía además atender las compras. La señora Claudia me no permitía que cuando fuera al mercado no comprara la carne si no era en la carnicería de Doña Juanita, ni comprara el pollo en otra pollería que no fuera la de Doña Paula. Por mi dialecto chatino todo se me hacía más difícil de lo que ya era, y encima la señora no aguantaba un error. Y como los míos eran muchos, me regañaba y me humillaba cada día. No entendió nunca que yo era solo una niña de seis años que debía, para llegar al mercado, caminar mucho y que solo me atrevía a cruzar la gran carretera que me separaba del lugar, cuando una persona lo hacía. Recuerdo eso con mucha tristeza.

A esas alturas, desde mi poco discernimiento infantil, yo no encontraba ninguna diferencia entre la vida que llevaba en mi pueblo y esta vida. De hecho, me parecía que esta vida era mucho peor. Al menos en el pueblo tenía a mi familia, y comía lo mismo que en casa de la señora Claudia, y nunca me humillaban. Habían pasado solo quince días y ya me quería ir. Entonces, la señora Claudia decidió inscribirme en la escuela Benito Juárez de Oaxaca, y me alegré un poco. Pensé que tanto sacrificio podría valer la pena si después de todo yo podía al fin estudiar. No pensé mal, claro, pero entonces yo no sabía que en esta vida, para un niño pobre, hasta el simple hecho de asistir a una escuela, puede ser también un infierno.

Todo fue difícil desde el comienzo. En primer lugar, solo si terminaba el trabajo de la casa podía ir a la escuela, algo así como el cuento de la Cenicienta pero sin baile. Siempre llegaba tarde al colegio, y debía entrar por el hueco de una valla rota que había descubierto, ya que la escuela para esa hora ya estaba cerrada. La maestra, como es lógico, me regañaba. Los niños se burlaban de mí porque iba mal vestida, con mis huaraches rotos y mis libros en una bolsa de plástico. Esta situación se unió a otro hecho. La señora Claudia ya no me quería en su casa porque no podía trabajar como un adulto, así que la gota que colmó el vaso fue el día que la maestra envió una carta a la señora en la que decía que yo era retrasada mental. Entonces ella decidió mandarme con la señora Silvia. Allí en su casa tenía que trabajar lo mismo y más, porque no solo bañaba y alimentaba tres enormes perros , sino que también debía sacar cada mañana los botes grandes de basura cuando pasaba el carro, y cuidar de la nieta de esta señora, una bebé llamada Abigaíl.

No faltarán en este punto quienes se pregunten cómo es posible que una niña nacida en el año 1983, que en el momento de escribir este libro tiene solo treinta y siete años, haya podido pasar tantas penurias en un México supuestamente próspero para todos, como dicen los políticos, y en pleno siglo veinte. Pues así fue y así sigue siendo. Pero no todo es malo en mi historia. Al contrario. Me gustaría hacer un paréntesis para hablar de una mujer que cambió en gran parte mi percepción de la vida, de la gente, del mundo. Una maestra. Mi maestra Débora.

La maestra Débora era la encargada de guiar a los niños "retrasados" como yo, que habían ido a parar a ese grupo gracias a la famosa carta de mi maestra anterior. Ella me tomó mucho cariño. Creo que logró ver en mí a una niña que realmente, si no aprendía tan rápido, era solo por mi arraigado dialecto. Gracias a que me defendió desde el primer momento de los niños abusivos, y gracias a que milagrosamente la señora Silvia, no sé por qué extraña razón, me regaló un día un vestido verde que yo encontré hermoso, empecé a creer un poco más en mí misma.

Un día la maestra Débora me invitó a ir en su auto a una reunión de maestros. Yo llevaba puesto mi vestido verde. Me sentía en la gloria. Ella me presentó a los otros maestros y luego fuimos a comer juntas a un restaurante. Como yo nunca había estado en uno, me sentía muy nerviosa, pero ella me hizo sentir mejor cuando empezamos a platicar y así logré disfrutar de uno de los estofados de pollo con arroz más ricos que he probado en vida. No entendí por qué en medio de la comida la maestra Débora me dijo que no le comentara nada a la señora Silvia de la visita al restaurante, porque según ella me regañaría. No lo entendí en ese momento, pero luego pude entenderlo, como quien dice, literalmente, sintiendo el fuego del regaño, aunque el regaño era otro, en mi propia piel.

En la casa de la señora Silvia y su esposo, como en casa de la señora Claudia, nunca me daban dinero, y yo soñaba cada noche con poder comprarme dulces como los otros niños de mi escuela, que habían llegado en ocasiones al punto de humillarme tirándome paletas de helado al suelo y diciéndome que si las quería las recogiera, algo que nunca hice, por supuesto.

Un día el esposo de la señora Silvia dejó su portafolio de trabajo en el sillón de la sala y de allí cayeron cinco pesos que estuvieron tirados en el piso varios días. Nadie les hacía caso. Solo yo los veía. Un día no pude aguantar más y los recogí. Así que me fui con mi hermano Abel, quien también había "emigrado" a Oaxaca, y para entonces trabajaba en la casa de la señora Claudia, a comprarnos los dulces.

Mi hermano escogió un dulce que no recuerdo cuál fue, y yo mi paleta soñada. De regreso a casa nos topamos con la hija de la señora Claudia, la madre de la bebé Abigaíl, una mujer joven, bonita y muy engreída porque estudiaba en la universidad. No le sobró el tiempo para ir a preguntarle a la señora Silvia si me estaba dando dinero.

Ese día salí de la escuela a las seis de la tarde. Cuando a las seis y media abrí la puerta de la casa, estaban todos los empleados de la señora Silvia, sus hijos, su esposo, todos, allí reunidos. Me empezaron a atacar. Parecía aquello un juicio, excepto porque me empezaron a revisar la bolsa de los libros, mi pantalón roto, todo. Como no encontraron nada, me arrastraron hacia la cocina, prendieron la estufa y me quemaron las manos. Nadie acudió en mi defensa. Nadie me creyó.

Los niños no guardan rencor. Eso dicen y eso he comprobado y corroborado con los años. Si no, ¿cómo explicar que luego de aquel suceso yo siguiera trabajando en casa de la señora Silvia? ¿Cómo explicar que yo no me ofendiera cuando ella me mandaba a recoger el pelo con cintas si yo ni ligas de pelo tenía, y debía recogérmelo con tiras que arrancaba de las bolsas de plástico de la compra? ¿Cómo explicar que aún llorando, aceptara sumisamente que un día, por esta razón, agarrara unas tijeras y me cortara el pelo como un niño, con las subsecuentes burlas que esto me trajo después en la escuela? ¿Cómo explicar que me emocionara con que aquella mala mujer me regalara por el Día de Reyes una sencilla muñeca? ¿Cómo explicar tanto abuso? La explicación, creo, está en la inocencia y el sentido de indefensión de la niñez. Y yo no tenía entonces tan siquiera ni ocho años.

El día de la Navidad, luego que limpié la casa, me encerré en el baño como ya era mi costumbre, porque no tenía ningún juguete (dos semanas después me regalarían la famosa muñeca) y me senté en el suelo a contar las losetas de las paredes. Los escuchaba a través de la puerta en la ceremonia de los regalos, los abrazos. Esa noche me di cuenta que estaba sola en el mundo, pero que en ese mundo tendría que luchar para sobrevivir. Por eso, comencé a aplicarme más en la escuela.

Empecé por pegar una hoja en la pared frente a mí, cuando lavaba la ropa o los trastes de la cocina, y así repasaba el abecedario y las tablas de multiplicar. Cuando barría o cocinaba recitaba en voz baja las lecciones que debía aprender. La maestra Débora estaba muy orgullosa de mí, y cuando llegó el día de despedirme de ella, pues mi hermana Elizabeth vino a buscarme, a mí y a mi hermano Abel, me dio muchos consejos que nunca olvidé.

Alguien que me recoja como a un perro humilde,
que me abra la puerta, me regañe, me alimente,
me quiera severamente como a un perro,
eso es lo que quiero, como a un perro,
como a un hijo.
Clarice Lispector

Regresamos al pueblo. Todos se pusieron muy contentos al verme. Me celebraban el vestido verde de la señora Silvia y unos huaraches que también se había dignado comprarme. Mis primos me tocaban el vestido y me pedían que les hablara en español y que los llevara a Oaxaca para aprender ellos igual.

Ese día fue muy feliz para mí. Me sentía importante, respetada. Pero al cabo de los días algo extraño ocurrió. Mi mamá dejó de prestarme atención. Hoy que ya soy adulta puedo entender que quizás mi madre estaba deprimida.

Ella seguía trabajando en la siembra y me imagino que se encontraba demasiado cansada y también preocupada, como para comportarse conmigo como una madre cariñosa normal. No la justifico, claro, pero esos días me di cuenta que cada día me iría volviendo una persona más sola, sin nadie a quien acudir por amor o consejos.

Una mañana me harté y en un raro impulso decidí volver a Oaxaca. Trabajé en dos casas más. En una de ellas, donde trabajé seis meses, el señor Gilberto, un hombre muy violento con su esposa, me daba cada semana cinco pesos. Así, de un peso a dos pesos, logré reunir treinta y cinco. Regresé entonces a Juquila. Mi madre seguía con la misma actitud aunque mi abuela estaba más amable conmigo. Mi hermana, rebelde siempre, vivía día y noche contestándole a mi madre y peleando con ella por cualquier tontería. Mi madre quería casarla con un muchacho del pueblo llamado Martín, pero mi hermana no quiso y tras engañar a mi madre, se marchó de Juquila una mañana cualquiera, caminando las seis horas de siempre. Mi madre sufrió un gran disgusto porque en tres meses no supimos nada de su paradero, ni si estaba viva o muerta. Por medio de una prima, un día Elizabeth nos hizo saber que estaba bien, y que con la ayuda de Jesús, su novio, de quien sí se había enamorado, había montado un restaurante.

Dicen por ahí que la felicidad en casa del pobre dura poco. Yo muchas veces creo que dura poco, pero por ignorancia. Esta ignorancia le costó cara a mi hermana. Un amigo de Jesús se enamoró de ella y comenzó a contarle mentiras de él, que si la engañaba, que si esto que si lo de más allá… Total, que mi hermana lo creyó todo como una tonta y rompió con el buen Jesús. Ahí entró en escena Fernando, quien empezó a intentar conquistarla con rosas, cartas, aunque mi hermana en el fondo lo detestaba. Sin embargo, una noche ella cometió el peor error. Tuvo relaciones íntimas con Fernando, quedó embarazada de él, y se amargó la vida para siempre.

Por supuesto, se desquitaba conmigo, quien para entonces estaba trabajando como una burra en el restaurante de ella. Ya para entonces yo sentía que toda mi vida era como una estrella giratoria de esas que hay en las ferias, aunque en mi caso las bajadas eran más que las subidas. Muchas más. Los únicos momentos felices de mi vida puedo decir que los pasé cuando trabajé en casa de la señora Rosalinda y su esposo Alberto, dueños de un cine y de otros negocios importantes. Luego de que sus negocios fracasaran por malas decisiones, y cuando me di cuenta que no iba a volver ni a palos a trabajar en una casa donde me trataran literalmente como una esclava, decidí que era el momento de escapar de México.

Tener no es signo de malvado,
Y no tener tampoco es prueba
De que acompañe la virtud
Silvio Rodríguez-*Canción de Navidad*

Desde el primer momento que nos conocimos Rosalinda y yo, por mi parte sentí que había conocido un ángel. Recuerdo que lo primero que hizo fue regalarme unos tickets para ir al cine de ellos, el Sala Versalles. Luego, me ayudaba siempre a servir la comida y no permitía que yo comiera en la cocina. Siempre me hacía sentar junto a su familia a la mesa. Allí yo tenía mi propio cuarto y baño. No paraba de hacerme regalos. Nunca olvidaré que la Navidad que pasé en su casa me regaló una Barbie, la segunda muñeca que tuve. La familia de Rosalinda era lo que se llama una familia muy estructurada, nada disfuncional. Ella me llevaba siempre con ellos a visitar a otros de sus familiares y aunque yo me sentía siempre muy bien, no podía evitar percibir mi propio vacío por no haber tenido nunca una familia como aquella.

Recuerdo también que cuando fue mi cumpleaños, me hizo una pequeña fiesta. Era la primera vez que yo tenía una fiesta de cumpleaños, y aquello, aun siendo una niña, me hizo llorar de la emoción. Rosalinda me llevaba en su auto a la escuela y aunque en su casa yo trabajaba mucho, no me sentía explotada. Aquella mujer llenó el vacío de amor de mi verdadera madre. Aunque ella no trabajaba y pasaba casi todo el tiempo en reuniones y paseos con amigas, nunca miraba a nadie por encima del hombro. Es decir, no era de una de esas tantas damas empingorotadas, que trataban a todos los demás que no tuviesen dinero como seres inferiores. Era una mujer muy sencilla, que entendía que después de todo, ellos no eran millonarios. Sin embargo, en las otras casas que trabajé, aunque tenían una economía inferior a la de la casa de Rosalinda, actuaban como si fuesen ricos. Esto sigue siendo algo común en México, creo yo.

Con el tiempo llegué a querer ser tan emprendedora como la familia de Rosalinda. Me parecía que esa era la solución a la mala vida que siempre había tenido. Así que con lo que Rosalinda me pagaba conseguí ahorrar una cantidad decente de dinero y puse un negocio de vender comida. Ella me regaló varios trastes y hasta una licuadora. Lógicamente, al no tener apoyo de mi familia en el negocio, este fracasó y mi felicidad, una vez más, duró muy poco.

Un día cualquiera, entró en escena mi abuelo paterno, Ginio Mendoza. Tenía ya ochenta y cinco años y una esposa de cuarenta. Me quiso llevar a vivir con él a una enorme casa que tenía, pues había conseguido cultivar tierras que daban gran cantidad de café. Por supuesto, su esposa enseguida me tomó manía por temor a que yo reclamase parte de la herencia del abuelo. Y yo decidí que para humillaciones ya había pasado bastantes, así que una tarde que fui con mi abuelo a una tienda de abastos, como no tenía el valor de decirle que me iba, le dije, sin mentir, que me esperara, que iba un momento a mi escuela a recoger unos papeles. Recogí los papeles, en efecto, y me fui a casa de Rosalinda nuevamente. La extrañaba, y ella a mí también. Por mí me hubiera pasado toda mi vida trabajando en su casa, pero el destino es amargo y tenía otros planes muy distintos no solo para Rosalinda y su familia, también para mí.

Ya había contado que la familia de Rosalinda había caído en la ruina económica. Su suegro comenzó a tener problemas, y con él, todos en general. Tuvieron que sacar a todos los hijos de las escuelas privadas y Rosalinda misma, quien nunca había trabajado, comenzó a dar clases de inglés para ayudar económicamente en la casa. Me dolía verla sufrir, y aún me dolió más el tener que irme porque ya no me podían pagar.

De modo que tuve que volver a seguir buscando casas para trabajar. Pasé por tres más, y aunque ya me pagaban, yo ya estaba harta de ser sirvienta. Y aunque quería seguir estudiando, tuve que dejarlo. Los estudios me costaban cada vez más dinero, por lo que solo pude llegar a segundo año de secundaria. En ese punto, llegué a sentir que mi vida había terminado. ¿Qué me quedaba? ¿Trabajar eternamente? En ese tiempo llegué a tener hasta dos trabajos, uno era en un hotel. Estaba agotada no tanto física como mentalmente.

Por supuesto, se hizo inevitable la insistencia de la familia en que me fuese a Estados Unidos. Mi mamá me quería mandar a Atlanta, en Georgia, donde vivía mi cuñado Fernando. Yo realmente no me quería ir. No solo tenía miedo. Tampoco tenía dinero para pagar un coyote, que me cobraba veinte mil pesos, un dinero que en mi vida había logrado ver junto. Pero estaba tan aturdida que hablé con una prima. Ella me prestó diez mil pesos con un diez por ciento de interés. Otra señora, llamada Regina, me prestó los otros diez mil al mismo porcentaje.

Debo decirlo. Me sentía algo así como un objeto inservible del que todos se querían deshacer. No culpaba a nadie, sin embargo, aunque sabía que nadie me iba a extrañar ni aun muerta. Después de todo, para mi interior pensaba, ¿para qué había servido yo? ¿Para limpiar casas ajenas? Sé que cualquier trabajo es honrado, y trabajar en casa ajena es un trabajo tan digno como barrer las calles o recoger la basura. Pero ese era mi pensamiento por aquellos días, que a toda mi familia le daba igual que me fuera. Como sea, ya yo tenía dieciocho años, y desde los seis solo había podido limpiar casas con mejor o peor fortuna. Es más, todos querían, en el fondo, librarse de mí. Y yo hasta lo sentía culpa mía. Sentía que era un ser falto de carácter. Quizás, si le hubiese hecho frente a la esposa de mi abuelo, otro gallo hubiera cantado y yo no estaría, como me hallaba a punto de estarlo, atravesando un desierto, que tan siquiera había visto nunca.

Cada vez que me despedía de algún miembro de mi familia me sentía morir un poco. Con esa muerte emocional que sabes no revertirás jamás así pasen mil años y sigas viva. Así te vuelvas millonaria en la tierra soñada. Esa muerte extraña que te impide ser feliz aun encontrando todo lo que un día soñaste. Porque esa, al fin y al cabo, era mi familia. Mi madre, mi abuela, mis hermanos, mi pedazo de tierra pobre. Pero lo peor, lo más triste, fue despedirme de mi abuela Emilia, quien ya tenía noventa años pero así y todo me acompañó a la estación de taxis con su bastón inseparable, y me dio su bendición.

La humanidad empezará verdaderamente
a merecer su nombre
el día en que haya cesado
la explotación del hombre por el hombre.
Julio Cortázar

¿Quién soy yo para contar la travesía de una mexicana por el desierto? No soy nadie. Otros, escritores de verdad, lo han narrado con una magistralidad tal que yo nunca podría. Ya ni hablemos de los directores de cine, que han realizado tan buenos filmes. Sin embargo, ninguna de esas ficciones supera la realidad, como ya se sabe.

Lo que yo cuento aquí sé que no refleja ni por asomo lo realmente vivido, o mejor, lo realmente sentido por mí y por todos mis compañeros en esos días de terror y de incertidumbre. Un señor que era de Veracruz nos ayudó a cruzar a varios, que no sabíamos nadar, el Río Bravo. Ya cuando estábamos del otro lado; es decir, cuando ya estábamos en Estados Unidos, nos dieron un minuto para vestirnos. Corrimos acto seguido como locos porque las camionetas de la migra nos andaban siguiendo. Por suerte estaban lejos y eso nos dio tiempo para escapar. Teníamos, sí o sí, que llegar a una carretera en la que nos estaba esperando el coyote con tres camionetas, en las que entramos todos amontonados. Me vi aplastada por cuatro personas todo el viaje. El chofer nos decía con todas las groserías inimaginables que no nos moviéramos, aunque así no pudiésemos ni respirar, porque la camioneta se podía mover y eso podría atraer a la policía. Media hora estuvimos en aquella maldita camioneta hasta llegar al condado de Brownsville, en Texas. Allí nos quedamos en una casa abandonada, sintiendo el ruido del helicóptero de la migra. A los cuatro días, cuando todo estaba más calmado, el coyote nos trajo a cada uno una bolsa de comida enlatada y dos galones de agua de cuatro litros, y nos llevó a otra carretera, por la que habríamos de pasar caminando todas las casetas de migración. Debíamos llegar a San Antonio, Texas.

Caminábamos solamente de noche. Estuvimos en el desierto tres días. La primera noche que nos quedamos a dormir estábamos muy cansados y nos metimos entre los árboles secos escondiéndonos. No olvido a una muchacha, Rosy, que no aguantaba caminar porque traía unos zapatos nuevos muy apretados. Las ampollas en sus pies eran horribles. Dos hombres la anduvieron cargando un tiempo y ella lloraba y decía que ya no aguantaba de dolor, que la dejaran, y yo solo pensaba cómo era posible querer dejarse morir tan fácil. Así tendría que sufrir la pobrecita. Me imagino no habría encontrado otro par de zapatos mejor, pero tampoco, pues eso hubiera sido peor, iba a andar descalza por aquel desierto. El coyote decidió que lo mejor sería administrarle droga para que aguantara; pero cuando se le quitaba el efecto volvía a tener dolor y a chillar, y entonces volvía la droga. Era todo un infierno.

El primer día, en nuestra caminata, vimos a una madre con su bebé. Las dos estaban muertas y se notaba, con horror, que llevaban varios días de fallecidas. La madre se encontraba en una posición en la que era fácil vislumbrar que ella había tratado de proteger a su hija del ardiente sol, bajo la sombra de un cactus. Ese era el cuadro.

Cuando vi aquello, cuando vi que ninguno de nosotros podíamos ya hacer nada por aquella mujer y su bebé, por primera vez en mi vida, creo, me pregunté por qué; quiero decir, por qué a nosotros nos había tocado esta vida. Por qué teníamos que ser los mexicanos, los centroamericanos, toda la gente pobre de este mundo, la que pasáramos por esto. ¿Era culpa de nuestro gobierno? ¿Era culpa del gobierno de los Estados Unidos? ¿Era culpa nuestra? Llegué hasta preguntarme si era culpa de Dios.

Pero no había tiempo para la tristeza, por más que la llevaras encarnada en el alma. El segundo día un señor se acostó en un nido de una víbora de cascabel grande. Todos, espantados, no nos atrevíamos ni a hablar. El hombre, poquito a poco, se fue arrastrando, alejándose de la víbora. Uno de los compañeros agarró un palo muy grueso y consiguió matarla. Luego de muerta, la vimos allí, gruesa, larga, de unos tres metros. Pensé también que de todas maneras, aquel animal, era también una víctima de aquel desierto.

Luego de aquella mañana, cuando ocurrió el suceso de la víbora, seguimos caminando toda la tarde y toda la noche, hartos de cargar con la comida y los galones de agua. Como aquello sí no lo podíamos tirar, yo tiré un suéter grueso y un pantalón en el desierto, y otros hicieron lo mismo.

Un salvadoreño tuvo la osadía de contestarle de malas maneras al coyote y este, por supuesto, colocó una pistola en su cabeza. Muy poco después de que el salvadoreño se arrodillara pidiendo perdón por su vida, y el coyote concediéndosela, y en esos momentos yo pensando que a lo mejor el coyote podría ser también salvadoreño, llegamos ya, luego de otras vicisitudes parecidas pero no menos terribles, a salvo aunque de seguro nada sanos, a puro suelo estadounidense.

Lo primero que hice fue, como otros de mis compañeros de viaje cuando paramos en una gasolinera, con el poco dinero que tenía, comprarme la hamburguesa más pequeña que encontré. Y luego de cuatro horas de otro nuevo viaje, ya dentro de la tierra prometida, llegué a Atlanta, donde me esperaba mi cuñado Fernando. Nos fuimos a comer a un restaurante mexicano y al día siguiente fuimos a una agencia de trabajo donde encontré, al momento, empleo en un restaurante en Harrisburg, Virginia. Como era de esperar, nadie hablaba español. Volvía a repetirse la historia de mi vida, ahora con el inglés. Volvía yo a extrañar a mi familia, y hasta a Rosalinda, con quien soñaba cada noche. Lógicamente me despidieron a los pocos días por no saber hablar inglés, me montaron en un autobús de Greyhound y me devolvieron a Atlanta. Como sea, entendí, o creí entender, que si yo hubiera sido la dueña del aquel negocio, también hubiese hecho lo mismo.

Por eso, cuando llegué a Atlanta, ya me había preparado para lo peor. En el autobús había conocido a otro salvadoreño (cada vez que lo miraba y no lo podía evitar, me parecía estar volviendo a ver la víbora de cascabel del desierto) quien se había sentado a mi lado. Le conté mi situación y me dijo que me ayudaría. Ahora me doy cuenta que aquello fue una temeridad de mi parte, pero entonces… ¿qué iba yo a saber que en Estados Unidos eso de no hablar con extraños es fundamental? Tuve suerte. Este señor me ayudó a encontrar trabajo en una fábrica de plástico y jugos, a la par de otro trabajo que conseguí en una sucursal de McDonald's. No paraba de trabajar. Tenía que pagar la deuda del coyote. En McDonald's conocí a Yadira, con quien entablé una buena amistad. Ella era madre soltera de dos hijos y me propuso irme a vivir con ella y compartir gastos. A los tres meses empezaron a pedir papeles legales en la fábrica y como yo no los tenía, por supuesto, me despidieron. Estaba avergonzada con Yadira. Ahora tenía solo el trabajo de McDonald's, y mi deuda en México crecía como la espuma. Más tuve suerte, si se le puede llamar suerte a encontrar otro trabajo en un restaurante como lavaplatos. Pero al menos allí podía hablar espa-

ñol con un paisano. El chico se llamaba Filemón. Podíamos hablar español, nos ayudábamos entre los dos, y así pude aguantar seis meses hasta que pagué, ¡al fin!, la deuda del coyote.

Un día decidí, porque después de todo, o a pesar de todo, yo no podía ser ni actuar de otra manera, ahorrar para construirle una casa decente a mi madre. Un cocinero chino, viendo que yo trabajaba tan duro, me dio la tarjeta de una agencia de Nueva York donde me aseguró encontraría un mejor trabajo. No estaba yo muy decidida, pero como en esas cosas que solo ocurren en las telenovelas, mientras estaba hablando con el cocinero, me di cuenta que Filemón nos escuchaba. El padre de él estaba sin trabajo en Carolina del Norte. Así que no tuve que ser muy lista para darme cuenta que si Filemón tenía pegada la oreja de tal modo al otro lado de la puerta, era porque estaba ya pensando cómo hacer para que me sacaran a mí del restaurante y dar mi puesto a su padre.

Así que aterrada, pero con la convicción de que era mejor, antes de que me echaran, irme yo primero, emprendí, aterrada, el largo viaje a Nueva York, a buscar como una loca la agencia que me había recomendado el famoso cocinero chino.

Y así, de pronto, llegué a Pennsilvania, que para mí era lo mismo que haber llegado al mismo centro de Manhattan. En este punto quizás deba aclarar que creo que he sido, pese a mis desgracias marcadas por la fatalidad del lugar donde nací, una mujer de suerte. A los pocos días empecé a trabajar en un restaurante. King de Prussia era su nombre. Como el mundo además es un pañuelo, en este restaurante trabajaba como cocinero Pedro, quien era de Puebla y me ayudó mucho con el inglés. Me pagaban mil cuatrocientos dólares al mes y yo estaba feliz como una lombriz. Hablaba por teléfono con mi prima Elvia y mi hermano Abel. Ellos también habían emprendido la famosa travesía, y ahora radicaban en Orlando. Digo radicaba porque decir vivir creo que es demasiado para una persona sin papeles legales en un país donde no sabes en qué minuto puede cambiar tu destino. Como mi hermano también quiso venir a Nueva York, pues encontré otro trabajo como ayudante de mesera para que él pudiese tener allí también su trabajo como ayudante de lavaplatos. Al final decidimos entre los tres lanzarnos a la aventura en el mero mero Nueva York. Ver al fin tantos edificios, tantos rostros diferentes caminando, era como un sueño para mí. ¡Hasta me sentía una mujer rica! Subimos al Empire State, que sé muchas personas no suben tan alto por miedo, pero ya luego que uno atraviesa el desierto, de verdad que no hay miedo a nada. Vimos una vez, al menos de lejos, a Madonna y a Britney Spears. Sentíamos, ingenuamente, que todo era posible en Nueva York; pero no encontramos trabajo y decidimos regresar a Pennsylvania. Empezamos a trabajar en diferentes fábricas cada uno. A los seis meses mi hermano se fue a Iowa. Había encontrado una novia allí. Por mi parte, la fábrica donde trabajaba quebró y nos despidieron.

Me ha costado mucho, pero mucho esfuerzo, de todo tipo, asumir una actitud tranquila como inmigrante. Porque para un inmigrante en Estados Unidos, sé que es muy parecido y hasta peor en otras partes del mundo, vivir sin documentos legales es vivir en la angustia, y peor, es vivir en una sombra eterna. Pero creo que lo he conseguido.

Regresé a Orlando con mi prima Elvia, a vivir juntas en una casa móvil con más personas, más de las que deberíamos ser. El desorden era horrible.

Así que fue una suerte, más allá de lo económico, encontrar trabajo en un hotel, limpiando los baños. No hay que decir que era un trabajo muy duro y mal pagado. Eso cualquiera lo sabe, o al menos se lo imagina, pero no tenía opción. Además, era un alivio salir por horas de la locura de la casa donde vivíamos.

Y así, mientras limpié inodoros en aquel hotel, hasta llegué a pensar que era una mujer bendecida, porque me permitía no pensar mucho en el desastre que había ocurrido con la construcción de la casa para mi mamá. Como yo no había confiado ni en ella ni en mi hermana Elizabeth, le mandaba el dinero para los trabajos a mi prima Flor, quien me contaba que de todas maneras aquello no servía de nada, porque todos vivían peleando por el dinero. Porque después de todo, a nadie al final le interesaba realmente la construcción de una casa decente, sino gastar el dinero en cualquier cosa. La casa, por supuesto, no llegó a terminarse y yo me sentí una estúpida. ¡Para qué encontrarme otro adjetivo!

Te mando ahora a que lo olvides todo:
aquel seno de nata y de ternura,
aquel seno empinándose de un modo
que te pudo servir de tierra dura.
Carilda Oliver Labra

Un día llegó al trabajo quien al menos para mí, era el hombre más guapo que había visto en mi vida. Se llamaba José Gabino y cuando me vio, lo primero que hizo fue acercarse a mí y ofrecerse a ayudarme con el trabajo. Como me negué, se molestó y no me habló en muchos días. En ese momento no entendí su reacción. ¿Cómo iba a explicarle a él que me avergonzaba que me ayudase a terminar de limpiar un baño? Desde niña me enseñaron que ni eso, ni muchas tareas más, son cosas de hombres. Luego entendí que José era de los que no aceptaba un no por respuesta. Aunque fuera el no más tonto del mundo. Como sea, con el tiempo inicié un noviazgo con él. Yo estaba profundamente enamorada. Creo que él también. Caminábamos hasta cuarenta minutos para encontrarnos pues ninguno de los dos teníamos auto.

Como siempre pasa cuando dos seres que se aman, son pobres y no tienen muchas opciones, ni de pasear a lugares bonitos, o viajar, o simplemente no tienen una educación que les permita al menos pasar horas hablando de temas más o menos interesantes, llegó lo inevitable. Me embaracé. Y con esa ingenuidad que es también típica de los pobres, ambos nos sentimos felices. No pensábamos en las consecuencias reales y en la responsabilidad de traer un hijo al mundo, siendo ambos jóvenes, sin dinero, sin nada.

Cuando no tienes nada, te dices y te repites a ti mismo que no tienes nada que perder. Y tan poco que perder teníamos nosotros, que con nuestra inocente felicidad a cuestas, nos mudamos a otra casa móvil, donde quienes vivían bebían mucho. Claro, José no iba a quedarse atrás. Él era un hombre. Yo era solo la mujer embarazada que al día siguiente tenía que recoger las latas vacías de cerveza barata y limpiar el desastre.

Con mi actitud sumisa, creo yo, que si hubiera sido otra mujer quizás otro gallo hubiese cantado, era inevitable que llegara el día que José, producto de la bebida, se violentara y me agrediera. Fue solo un empujón. Cierto. Pero ahora que sé más de la vida, he leído que abuso es abuso y que no solo el físico cuenta, también el emocional. Y para mí aquel empujón fue un abuso tanto físico como emocional. Sentí mucho aquel golpe, y sobre todo, me sentí humillada.

Al otro día José me pidió perdón, con el clásico juramento de que jamás se repetiría y que nos iríamos de aquel lugar. Yo no quería perdonarlo, pero aquí, en estas líneas, quisiera hacerme entender. ¿Cómo podía yo, que había sido siempre, desde niña, tan maltratada, que había tenido, en suma, una infancia tan triste, hacerme de rogar ante las súplicas de José? A mí nadie nunca me había suplicado. Nadie me había prometido nada. Por eso lo perdoné.

Un día cualquiera llegó a nuestra casa Pablo, el hermano de José, y volvimos a la espiral de violencia. Pablo incitaba a José a salir todos los días en mi auto mientras yo tenía que caminar largos trechos para comprar los pañales de mi hijo. Bebían a toda hora y para colmo, por las ideas machistas que Pablo metía en la cabeza de su hermano, yo tenía que entregarle todo mi sueldo a José.

Un día me cansé, le reclamé a mi marido y ese día me llegó la segunda brutal paliza. Muerta de miedo, porque ahora ya no era solamente yo, también estaba mi hijo, me escapé como buenamente pude y llamé a la policía. Detuvieron a José y estuvo arrestado por veinte días. Como ocurre casi siempre en estas situaciones, me ganó el amor, y retiré algunos de los cargos que le había impuesto, y salió libre con probatoria de un año.

A esas alturas, aunque seguíamos viviendo juntos, ya yo quería separarme de él. No me sentía feliz. Se lo consulté en una llamada telefónica a mi mamá y esta se ofendió y me contestó que ninguna de mis primas habían abandonado jamás a sus esposos. Ni me molesté en cuestionar aquel disparate, y digo disparate porque a fin de cuentas mi mamá nunca fue un modelo de conducta a seguir. Así que me prometí a mí misma no consultarle más nada ni a ella ni a nadie de mi familia. Comprendí que todos ellos actuaban bajo la sombra de una ignorancia que no les permitía ver más allá del pequeño horizonte que solo habían tenido la maldita suerte de avizorar.

Luego de ocho meses de embarazo, en los que no dejé de trabajar ni un día, soportando por añadidura las constantes agresiones de José, nació Kelly Michelle. Mis sentimientos se hallaban encontrados. Me sentía feliz y a la vez triste porque solo podía ver a una bebé que vendría a este mundo a sufrir los maltratos de su padre y quién sabe de cuántos hombres más.

De la casa donde vivíamos tuvimos que volver a irnos, porque una noche, en una de las tantas farras que se armaban, los hombres comenzaron a discutir, destruyendo adornos, tirando botellas. Acabando con todo. Un vecino llamó al 911 y en menos de un suspiro, la casa se rodeó de patrullas y helicópteros volando por sobre nuestras cabezas. Nos hicieron salir a todos con las manos en alto, apuntándonos con sus armas. Creo que nunca había sentido tanto miedo, ni en el desierto. Me vi morir en esos instantes y solo podía pensar en mis hijos. Eso me decidió a luchar aun más, si cabe, por ellos, por su futuro. Yo no quería esta vida para mis pobres angelitos.

Comencé por ese tiempo a trabajar en un hotel de la cadena Marriott y me iba bastante bien, excepto porque los problemas con mi esposo continuaban, hasta que un día llegó a la casa, recogió algo de ropa y me dijo que nos íbamos a separar. Pronto me enteré que andaba en amoríos con una tal Eliza, quien también trabajaba en el hotel. Al principio no lo quería creer, pero luego tuve que enfrentar la realidad. Y por esos caprichos de mujer despechada, en esos momentos sentí que volvía a amarlo. Pero él, seguro sabiéndose en ventaja, me humillaba, no dejaba que lo tocase, no comía lo que le cocinaba, constantemente me decía que era fea. Sin contar con que delante de mis compañeros de trabajo gritaba a los cuatro vientos que se casaría con Eliza a la menor oportunidad. Mi autoestima bajó a los suelos y sentí que necesitaba cambiar las cosas. Y que yo solo las podría cambiar. Así que lo primero que decidí fue marcharme de aquel hotel y gracias a una amiga encontré trabajo en Hard Rock Café y comencé a consultar a una sicóloga, que me convenció de entrar en una terapia de grupo, de cuyas sesiones salí mucho más fortalecida.

Luego, porque al parecer mi vida, aun muy joven, ha sido la de una trotamundos, me despidieron del trabajo, pero casi enseguida encontré otro en Tampa. El salario era pésimo y hasta la luz me llegaron a cortar. Con la ayuda de la sicóloga me pagaron dos meses de renta en una casa móvil donde estaba todo incluido. Por esos días, José descubrió a Eliza con otro hombre, y de este modo, y tras pensarlo bastante, volví con él. Pensé que lo debía hacer por mis hijos, para que tuvieran un padre. El padre que yo no tuve.

Entonces nació mi benjamín, Kevin Alexander. Yo estaba ya cansada de tanto trabajar y deseaba volver a México. Extrañaba a mi familia. Por lo que un día, sin darle muchas vueltas al asunto, José y yo nos fuimos. Aprovechamos que nos habían regresado dinero de los impuestos de tres años y emprendimos rumbo a nuestra tierra. Cuando llegamos, comenzamos a gastar en comida, hoteles y trámites legales pues queríamos legalizar una camioneta. Luego de miles de obstáculos, llegamos al pueblo de José, Franco Madero, en Chiapas. El panorama que vieron mis ojos era desolador. Era algo que ya no recordaba, o que no quería recordar: las carreteras de barro, el polvo, y lo más terrible, los rostros de la gente, en los que se observaba una pobreza que dolía.

La familia de José también era pobre, pero no les faltaba riqueza en soberbia. Cuando llegamos a la casa nos recibieron con alegría, y esta se hizo aun más patente cuando abrimos los regalos. Solo que cuando los regalos y el dinero se acabaron, se acabó la felicidad. No me sorprendió. Además, lo que yo más quería era visitar a mi mamá y a mi abuela Emilia. Eran ya más de diez años sin verlas. Mi suegra, con esos prejuicios regionalistas típicos de los pueblos, y sobre todo de los pueblos más atrasados, se oponía a que fuéramos solo José y yo, con el argumento insólito de que toda la gente de Oaxaca era gente mala. Deduje de esto que también me consideraba a mí una mala persona. Total, seis personas nos acompañaron, y en el camino, por cierto, se maravillaron ante la belleza de las playas de mi tierra natal y de su turismo efervescente. Por supuesto, el pueblo se veía muy distinto, pero se mantenía ese aire triste de las almas que envejecen sin mirar más allá de ellas mismas.

Lo primero que hice fue visitar a mi abuelo Ginio Mendoza. Al principio no quería abrir la puerta porque el día antes lo habían asaltado, pero luego que abrió, tuvimos una noche maravillosa, llena de conversaciones cargadas de nostalgia. A la mañana siguiente freímos pescado y tomamos café. Todo tenía para mí el sabor de mi tierra, que ya casi había olvidado. Y todo me parecía maravilloso.

Esa maravilla se acabó cuando, muerta de nervios, algo que considero incomprensible cuando se va a visitar a una madre, llegué a su casa y le di un abrazo. Mis nervios no eran infundados. Luego del breve y seco abrazo, ella se mostró totalmente indiferente ante mi llegada y me dijo que yo ya no le importaba, que lo único importante para ella eran mis hermanos. No le respondí. Me marché a ver a mi abuela, ya una anciana de 104 años. Me reconoció al momento y me tomó la mano diciéndome que se sentía muy feliz de poder verme antes de morir.

Al regreso a la casa de José comenzaron los problemas, esta vez de otro tipo. Aunque durante todo mi matrimonio con él yo nunca dejé de ayudar económicamente a su familia, vivían solo para hablar mal de mí. Y José nunca se ponía de mi parte. Decidí comprar unos terrenos y saqué de ellos bastante plata. En el fondo, pensaba ilusamente, que quizás, ¿por qué no?, podía hasta llegar a ser rica en México. Pero al final todo eran obstáculos y envidias de parte de la familia de mi marido. Todo eso, y que mi hijo Kevin Alexander se enfermara en este viaje, con el consiguiente gasto exorbitante de los tratamientos, me impulsó a tomar la decisión de regresar a Estados Unidos, de donde quizás nunca debimos salir. De hecho, si no hubiera sido porque pude ver a mi abuelo Ginio y a mi abuela Emilia, mirando en retrospectiva, aquel viaje no tuvo ningún sentido.

Decidimos que José se marcharía primero y yo después. Como no teníamos dinero, pedimos un préstamo y gracias al aval de un amigo y al título de la camioneta, lo conseguimos.

Cuando José se fue, comenzó el calvario de los coyotes, quienes no paraban de pedirme más dinero de lo acordado. Dinero que yo no tenía. Vendí tres vacas, pedí prestado, de todo hice, y nada era suficiente. A final, luego de tantas penurias y ruegos, soltaron a José en Orlando y yo me preparé a partir, con el dolor de mi alma, pues debía dejar atrás a mis hijos con la familia de mi marido, para mayor desgracia.

La experiencia es un billete de lotería
comprado después del sorteo
Gabriela Mistral

Así que volví a repetir la pesadilla de cruzar el desierto una vez más, y fue una pesadilla mucho más terrible que la primera, porque no podía parar de pensar en mis hijos. Cuando llegué a Orlando, José y yo trabajamos muy duro para mandarles a ellos en México todo lo que necesitaban. Pero yo lloraba todas las noches porque al final no podía darles lo más importante: un beso, mi calor de madre, mi amor. En mi desesperación me acordé de Rosalinda, quien podía viajar legalmente a Estados Unidos. Le pedí por caridad que trajera a mis hijitos. Ella me pidió un tiempo para consultar con su esposo. José y yo hicimos una carta autorizando a Rosalinda a viajar con mis hijos. El día que los vi llegar en el aeropuerto lloré de alegría. Lloré de amor. Creo que fue el día más feliz de mi vida. Nunca tendré cómo pagarle a Rosalinda todo lo que siempre ha hecho por mí.

Un día, por la ventana, vi a José consumiendo drogas con un amigo. Aquello me decepcionó tanto, luego de todo lo que habíamos pasado juntos, que me sumí en otra depresión de la que sí pensaba esta vez no saldría nunca. Aquella actitud de José lo explicaba todo: sus malos humores, sus arranques, su falta de dinero, su delgadez. Los niños también le temían, no solo yo.

Hasta que una noche, una de las tantas en las que yo no podía dormir pensando en que le podría pasar algo, José, que conducía borracho, chocó contra la valla de un lugar donde reparan autos. El dueño quería llamar a la policía, así que nos tocó pagar una buena cantidad de dinero para arreglar aquel desastre. Como por esa razón nos tocó también estar luego dos semanas comiendo solo tortillas con sal. Mis hijos podían comer en la escuela, pero yo estaba desesperada. No podía dejar de recordar mi niñez y pensaba solo en que me había pasado la vida dando vueltas en círculos.

Luego de aquel suceso José intentó cambiar, y ya era casi otro hombre, cuando un día, en el que iba para el trabajo, lo detuvieron los agentes de inmigración, y como él tenía muchos cargos desde el año 2008, lo arrestaron y ahí sí nadie pudo hacer nada.

De nuevo me quedé sola. Sola con mis hijos, luchando por ellos. Sola. Como siempre en mi vida.

Mi humilde historia no tiene aún un final. Ni triste ni feliz. Mi travesía continúa, y sé que me queda un muy largo camino por recorrer antes de poder encontrar al menos la tranquilidad que tanto anhelo para mí y para mi familia, y especialmente para mis hijos. Tengo la fortuna de que son niños nobles y muy inteligentes.

Quisiera para ellos todo lo que yo no tuve, especialmente una educación. Ahora mismo soy consciente de que si yo hubiera tenido la posibilidad de estudiar cuando llegué a este país, mi vida sería hoy muy distinta. Pero no pude. Ni ahora puedo. Como indocumentada, soy invisible en esta tierra. Y no deseo este mismo futuro para mis hijos, porque si así fuera, nada de lo que he sacrificado habrá valido la pena.

Hace poco José Abisai, mi hijo mayor, me ha enseñado a usar la computadora, y he descubierto a través de ella un mundo que no conocía, y siento que a lo mejor sí, que a lo mejor puedo comenzar a estudiar con la misma energía que cuando fregaba platos en restaurantes por un salario mínimo. Además, cuando veo que José Abisai me dice que quiere ser médico y que Kevin Alexander tiene un gran talento para el dibujo, pienso que todo es una cuestión de mentalidad, porque no importa que nazcas y te críes en la pobreza y en un medio marginal. Lo que importa es que superes esas carencias y abras tu mente a que hay un lugar allá afuera, lejos de los escasos límites donde has vivido, y que en ese lugar existe el conocimiento, la cultura, la inteligencia, el sentido común. Y que en ese lugar es donde se puede encontrar la belleza de la vida.

Cuando una mano se alarga para pedirme algo,
pienso que esa mano puede ser, mañana,
la que me ofrezca un vaso de agua
en mitad del desierto.
Alfonso Reyes

Mi historia puede ser la de millones de mujeres, y no solo mexicanas, sino también de otros países de América Latina. No es sencillo nacer pobre y crecer en un medio hostil y lleno de prejuicios. Tampoco lo es emigrar sola a un país sin conocer el idioma ni mil cosas más que hay que saber antes de entrar a "la tierra prometida". Mucho más cuando emigraste prácticamente forzada por circunstancias que te impusieron otros. A pesar de todo, no le guardo rencor a nadie, ni aún a mi esposo. De hecho, lo llamo por teléfono cuando puedo y trato de darle ánimos. Le pido que tenga fe, que el sol siempre sale, porque mientras tengamos salud, esperanza y un Dios que nos cuida, siempre amanecerá.

Yo, Karina Mendoza, soy una superviviente de casi todo en este mundo, pero soy, en primer lugar, una mujer que cree en los sueños y los intenta realizar. Y que aunque no los consiga a la primera, de todas maneras, seguiré siempre intentándolo, por mí y por mis hijos. Por eso ya dije que mi travesía continúa, y será muy larga, para mi fortuna. Y por eso también afirmo ahora que este libro no acaba aquí, en la última página, sino que realmente es el comienzo de todo lo que ha de venir, y que por la experiencia vivida, sé que habrá mucho de bueno, y de felicidad.

OTROS LIBROS PUBLICADOS POR
LA PEREZA EDICIONES

Estokolmo
Gustavo Escanlar

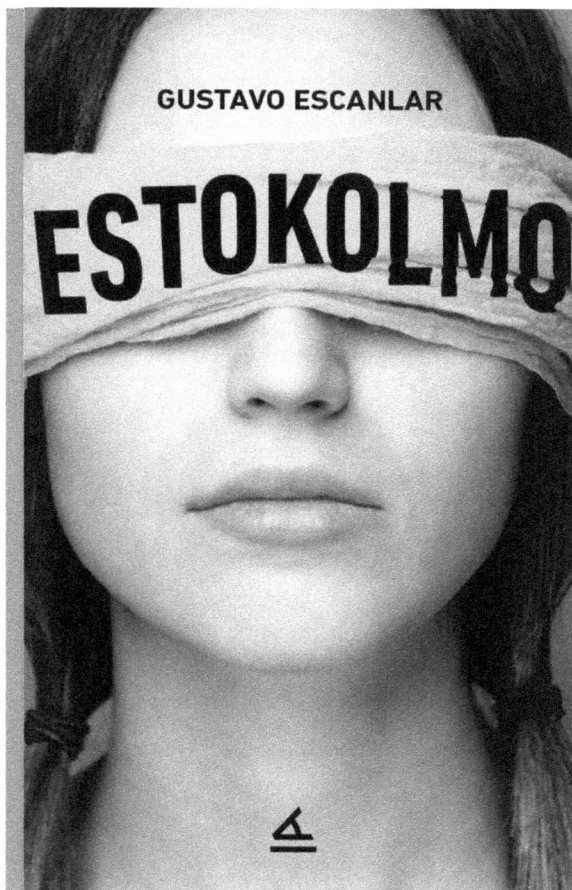

El tipo que creía en el sol
H. Zumbado

Dios tenía miedo
Vanessa Núñez

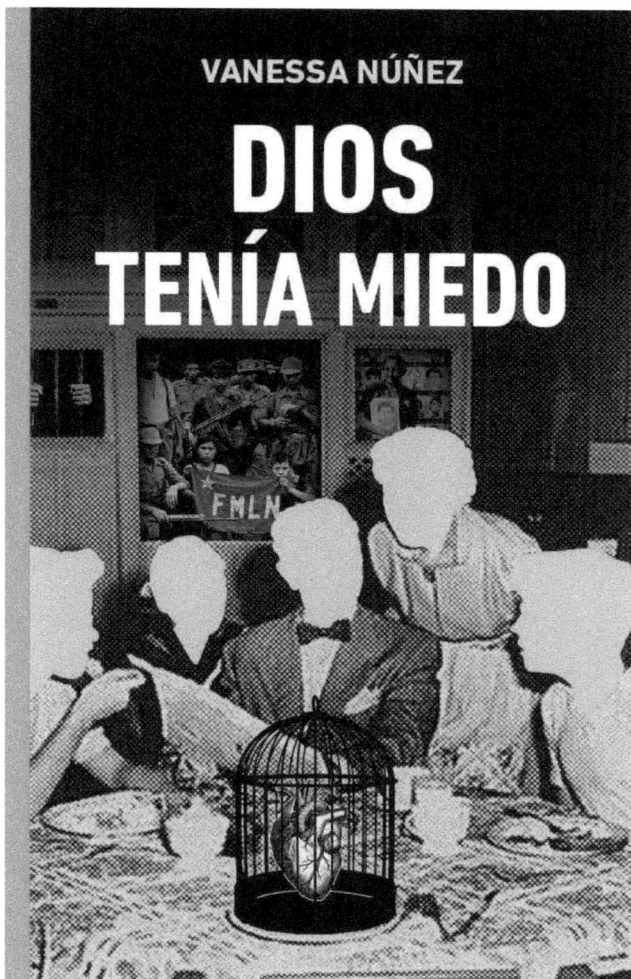

Facundo Cabral: sus últimos apuntes

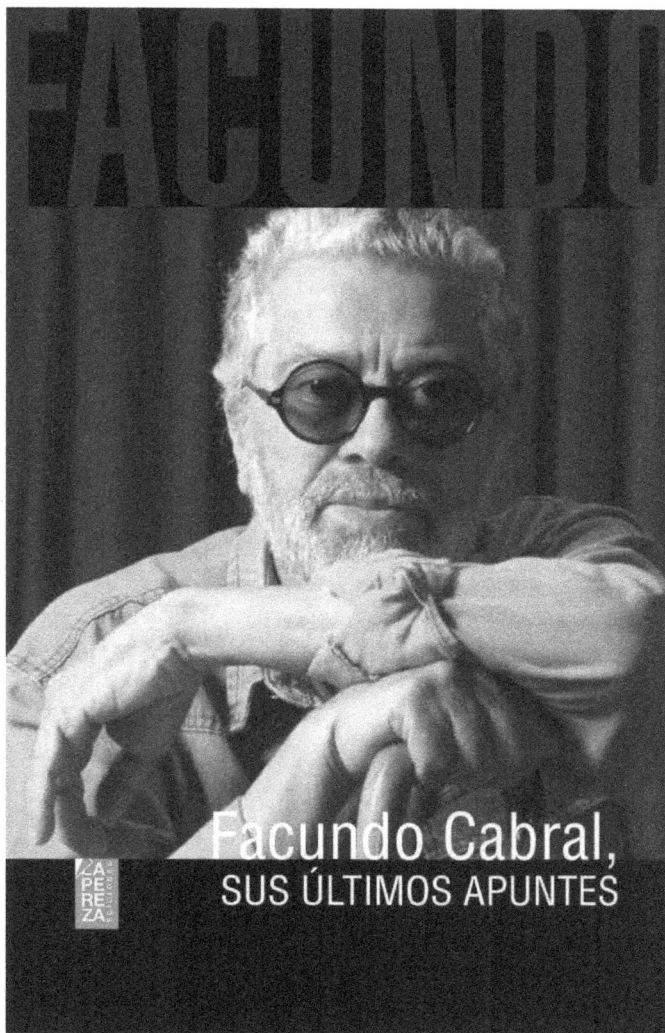

Facundo Cabral,
SUS ÚLTIMOS APUNTES

Maneras de vivir
Rosa Montero

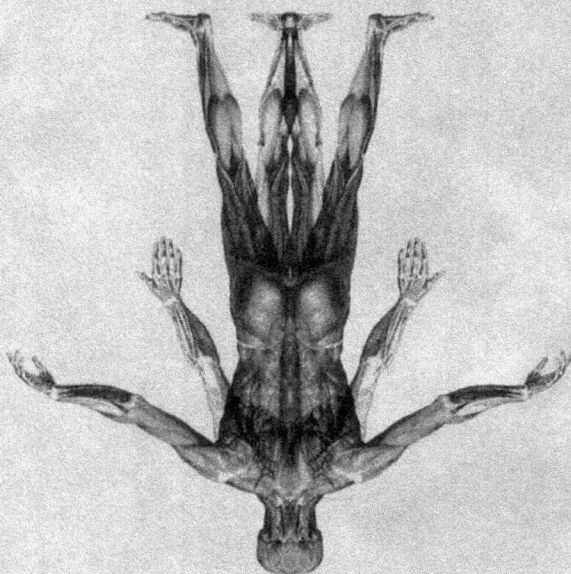